Was ist los bei der Feuerwehr?

Text von Claudia Toll
Illustriert von Stefan Seelig

Ravensburger Buchverlag

„Kommen Sie schnell! Hier brennt es ..."
Aufgeregt hat Herr Karl die Telefonnummer 112 gewählt.
Herr Germs in der Einsatzzentrale der Hauptfeuerwache gibt gleich die angegebene Adresse in den Computer ein. Auf dem Monitor erscheint ein Kartenausschnitt des Einsatzortes. Schon ist in der Leitzentrale der Feuerwache zu hören: „Einsatz in der Rubensstraße 5, Eckhaus gegenüber der Kirche."

DIENSTPLAN
TAG Mo Di Mi Do Fr Sa So
0-8
8-16
16-21
KRANK
FR

Sofort schrillen die Alarmanlagen und die Feuerwehrleute rutschen an der Stange in die Fahrzeughalle. Mit Einsatzwagen, Drehleiterwagen sowie Hilfeleistungs- und Löschfahrzeug rücken sie aus.

Nur drei Minuten später kommt der Löschtrupp am Einsatzort an. Die Feuerwehrleute springen aus den Fahrzeugen, rollen Schläuche aus und schließen sie an die Hydranten auf der Straße an.
Kira und ihre Mutter bleiben erschrocken stehen und sehen zum Haus hinauf. „Mama!“, sagt Kira, „da wohnt doch Frau Nickel!“
Kira rennt auf Feuerwehrmann Schnittke zu.
„Da oben, ganz oben, wo es brennt und raucht, da wohnt die Frau Nickel!“, ruft sie. „Und einen Hund hat sie auch! Sie müssen sie retten!“
Herr Schnittke nickt ihr beruhigend zu: „Danke, dass du uns das gesagt hast. Wir werden sofort hinaufgehen!“

Aus dem Dach schlagen Flammen. Feuerwehrleute mit Atemschutzgeräten eilen in das Treppenhaus. Ein Rettungswagen fährt vor.
Jetzt wird auch mit dem Strahlrohr gelöscht und das Rettungskissen ist aufgestellt.

ZISCH LIMO
NEU
5
FARBE

Jetzt sind die Feuerwehrleute oben im Haus angekommen. Sie dringen in die Wohnung ein.
Frau Nickel liegt in ihrem Wohnzimmer. Der gefährliche Rauch ist zum Glück nicht bis zum Boden herabgesunken. Herr Schnittke rennt zu ihr. Sie atmet! Sie ist nur ohnmächtig geworden.

Das Treppenhaus ist voller Qualm. Nur über die Drehleiter mit der Rettungsbühne kann Frau Nickel aus dem Haus gebracht werden. Die Leiter ist schon ausgefahren. Die Feuerwehrmänner heben Frau Nickel durch das Fenster und legen sie auf die Krankentrage. Auch Puck wird mit sicherem Griff gepackt. Die beiden sind außer Gefahr!

ZISCH LIMO
NEU
ERFRISCHT
SCHMECKT
EISKALT
PROBIER'S
FRUCHTIG
VITAMINE
SPITZE
ZISCH LIMO
ZISCH LIMO
BÄC ERE LAUER

Schon im Rettungswagen versorgt der Notarzt Frau Nickel.
„Und Puck?“, fragt Kira. Ihre Mama geht auf Herrn Schnittke zu.
Puck winselt leise. „Sie können uns Puck mitgeben“, sagt sie.
„Wir haben schon öfter auf ihn aufgepasst.“ Herr Schnittke ist erleichtert, denn Puck muss nicht ins Tierheim.
Das Feuer im Dachgeschoss ist gelöscht. Sobald der Rauch aus dem Treppenhaus abgezogen ist, muss genau untersucht werden, wie das Feuer ausbrechen konnte.

ZISCH
LIMO
NEU
5
BÄCK

ACHTUNG!!
AK 33
F·BJ 82

Die Feuerwehrleute sind mit ihren Fahrzeugen gerade wieder in der Feuerwache angekommen.
Da hört Herr Schnittke über sein Funkgerät schon von einem neuen Einsatz.
Also geht es gleich wieder los!

Sicherheits-
handschuhe

Sicherheitshelm

Megaphon

Handschein-
werfer

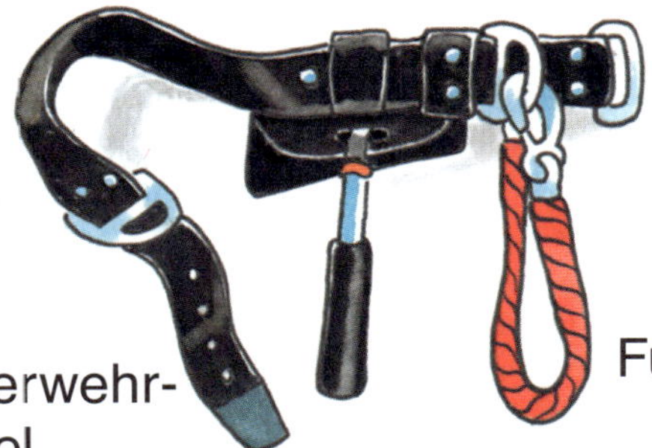

Feuerwehr-
gürtel

Funkgerät

Auf welcher Seite im Buch kannst du die hier abgebildeten Dinge entdecken?

Kübelspritze

Atemschutzmaske
mit Atemluftflasche

Sicherungsseil

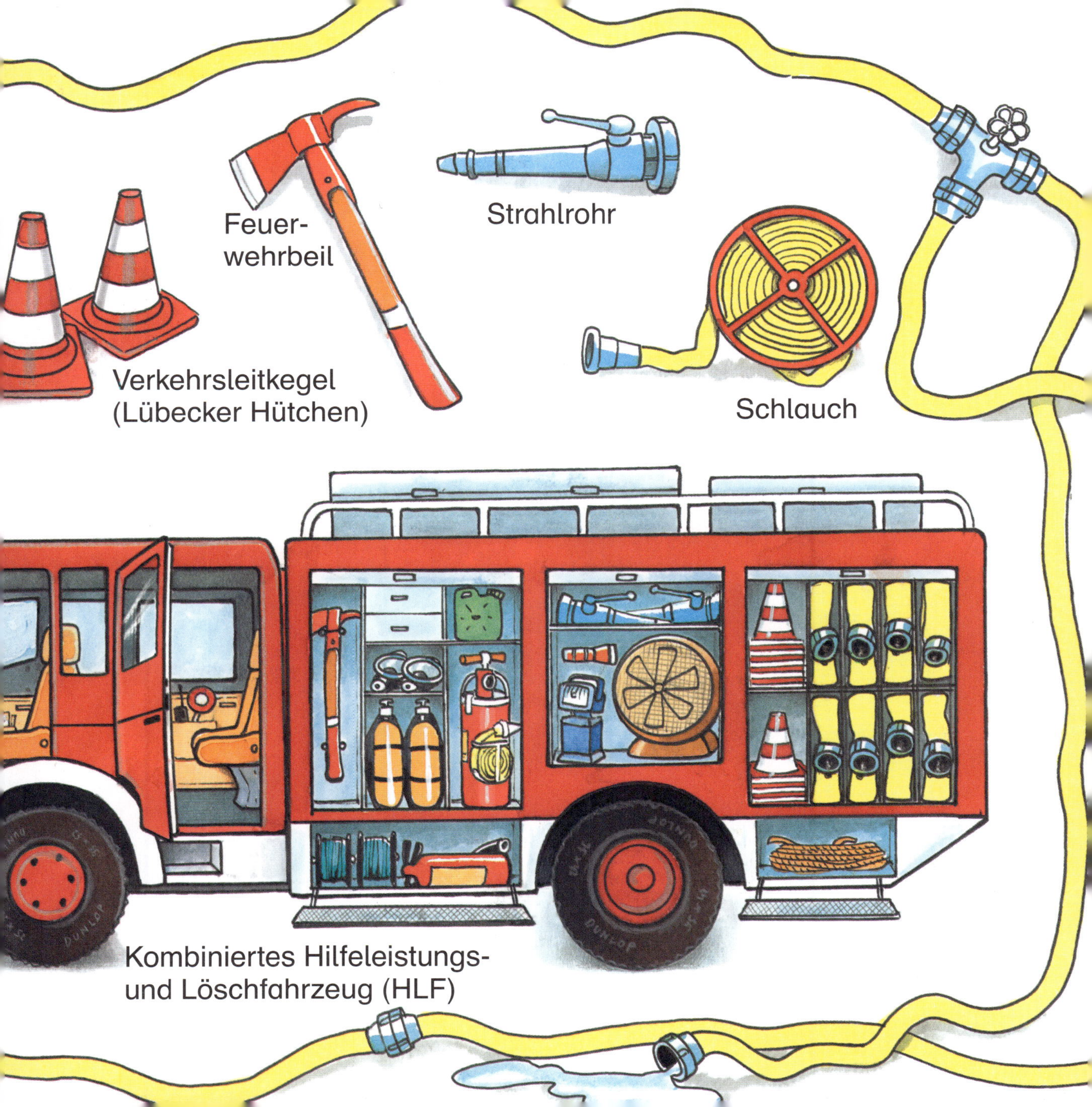
Feuer-
wehrbeil
Strahlrohr
Verkehrsleitkegel
(Lübecker Hütchen)
Schlauch
Kombiniertes Hilfeleistungs-
und Löschfahrzeug (HLF)

1 2 3 4 03 02 01 00

Redaktion: Antonia Meisner
ISBN 3-473-33227-5